The Stranger by the River And Other Bilingual French-English Stories for Language Learners

Pomme Bilingual

Published by Pomme Bilingual, 2024.

THE STRANGER BY THE RIVER AND OTHER BILINGUAL FRENCH-ENGLISH STORIES FOR LANGUAGE LEARNERS

First edition. December 28, 2024.

Copyright © 2024 Pomme Bilingual.

ISBN: 979-8227949615

Written by Pomme Bilingual.

Table of Contents

Le Jardin des Souvenirs

Dans un petit village de Provence, au milieu des champs de lavande et des collines dorées par le soleil, Éléonore revint à la maison de son enfance. Cette vieille demeure, qu'elle avait héritée après la mort de sa tante Marguerite, lui semblait à la fois familière et étrangère. Cela faisait des années qu'elle n'y avait pas mis les pieds, trop occupée par sa vie à Paris, par sa carrière et ses routines.

Mais maintenant, seule et face à ses souvenirs, elle se tenait devant la grande porte en bois, hésitante. Après une profonde inspiration, elle tourna la clé, et un léger grincement accompagna son entrée dans la maison. L'odeur de pierre ancienne, de bois ciré et de roses séchées la ramena instantanément à ses étés d'enfance.

Quelques jours après son arrivée, Éléonore commença à explorer les lieux. Elle se souvenait du grand jardin derrière la maison, autrefois plein de roses et de pivoines. Mais lorsqu'elle y pénétra, elle fut frappée par l'état d'abandon. Les mauvaises herbes avaient envahi les allées, les buissons étaient sauvages, et les arbres semblaient sur le point d'éclater de leurs branches anarchiques.

Armée de ciseaux de jardinage et de gants, elle s'attela à la tâche. Pendant des semaines, elle tailla, arracha, et redonna vie au jardin. Au fil des jours, elle se sentit étrangement apaisée par cette activité. C'était comme si chaque branche coupée libérait une partie d'elle-même, enfouie depuis des années.

Un après-midi, en nettoyant un vieux banc recouvert de mousse, elle remarqua une petite boîte en métal, rouillée et bien cachée sous une pierre. Intriguée, elle l'ouvrit avec précaution. À l'intérieur se trouvaient des lettres, soigneusement pliées, et une vieille photo d'une jeune femme souriante. Éléonore reconnut immédiatement sa grand-mère, Isabelle.

Éléonore s'installa sur le banc, le cœur battant, et commença à lire. Les lettres étaient adressées à un homme nommé Mateo, un nom qu'elle n'avait jamais entendu dans les récits familiaux. Au fil des pages, une histoire se révéla : celle d'un amour interdit entre Isabelle, une jeune Française, et Mateo, un républicain espagnol fuyant les horreurs de la guerre civile espagnole.

Isabelle et Mateo s'étaient rencontrés à Marseille, où il cherchait refuge. Leur amour avait été passionné mais semé d'embûches. Les lettres évoquaient leur projet de fuir ensemble vers l'Amérique du Sud, loin des conflits et des jugements de la famille d'Isabelle. Mais la dernière lettre, écrite par Isabelle, n'était jamais parvenue à Mateo. Elle racontait qu'elle avait été contrainte par sa famille de rester en Provence et qu'elle n'avait jamais revu Mateo.

En découvrant cette histoire, Éléonore ressentit une profonde tristesse mais aussi une étrange connexion avec sa grand-mère. Tout à coup, le silence autour de son propre passé prit un sens. Isabelle avait aimé avec une intensité que sa famille avait cherché à étouffer, tout comme Éléonore avait souvent étouffé ses propres désirs pour se conformer aux attentes des autres.

Portée par cette découverte, Éléonore décida de restaurer le jardin dans toute sa splendeur, comme un hommage à sa grand-mère et à l'amour qu'elle avait vécu. Avec chaque fleur qu'elle plantait, elle sentait le poids du passé se dissiper et une nouvelle lumière envahir la maison.

Un an plus tard, le jardin était méconnaissable. Les rosiers étaient en pleine floraison, les allées dégagées, et la fontaine centrale coulait à nouveau. Les villageois s'arrêtaient souvent pour admirer le travail d'Éléonore, et certains lui racontaient des anecdotes sur Isabelle qu'elle n'avait jamais entendues.

Dans ce jardin, Éléonore trouva non seulement un refuge mais aussi un point de départ pour une nouvelle vie. Les lettres d'Isabelle restaient dans un cadre près de son bureau, un rappel constant de la force de l'amour et de la résilience face à l'adversité.

Et dans ce jardin, baigné de soleil et rempli de vie, Éléonore se promit de ne jamais laisser ses propres rêves s'éteindre, tout comme elle avait redonné vie à ceux de sa grand-mère.

The Garden of Memories

In a small village in Provence, amidst fields of lavender and hills golden with sunlight, Éléonore returned to the house of her childhood. This old house, which she had inherited after the death of her Aunt Marguerite, seemed both familiar and foreign to her. It had been years since she last set foot there, too busy with her life in Paris, her career, and routines.

But now, alone and faced with her memories, she stood before the large wooden door, hesitant. After a deep breath, she turned the key, and a faint creak accompanied her entry into the house. The smell of old stone, polished wood, and dried roses instantly transported her back to her childhood summers.

A few days after her arrival, Éléonore began to explore the property. She remembered the large garden behind the house, once filled with roses and peonies. But when she entered, she was struck by the state of neglect. Weeds had overtaken the paths, the bushes were wild, and the trees seemed on the verge of bursting with their chaotic branches.

Armed with gardening shears and gloves, she set to work. For weeks, she trimmed, pulled weeds, and brought the garden back to life. As the days passed, she found herself strangely soothed by the activity. It was as if every branch she cut freed a part of herself that had been buried for years.

One afternoon, while cleaning an old bench covered in moss, she noticed a small metal box, rusted and well-hidden beneath a stone. Intrigued, she carefully opened it. Inside, she found letters, neatly folded, and an old photograph of a smiling young woman. Éléonore immediately recognized her grandmother, Isabelle.

Éléonore sat on the bench, her heart racing, and began to read. The letters were addressed to a man named Mateo, a name she had never heard in the family stories. As she turned the pages, a story unfolded: that of a forbidden love between Isabelle, a young Frenchwoman, and Mateo, a Spanish Republican fleeing the horrors of the Spanish Civil War.

Isabelle and Mateo had met in Marseille, where he was seeking refuge. Their love was passionate but fraught with obstacles. The letters spoke of their plan to escape together to South America, away from the conflicts and the judgment of Isabelle's family. But the last letter, written by Isabelle, had never reached Mateo. She explained that she had been forced by her family to stay in Provence and had never seen Mateo again.

Discovering this story, Éléonore felt a deep sadness but also a strange connection with her grandmother. Suddenly, the silence surrounding her own past made sense. Isabelle had loved with an intensity her family had tried to suppress, just as Éléonore had often suppressed her own desires to meet the expectations of others.

Moved by this discovery, Éléonore decided to restore the garden to its former splendor, as a tribute to her grandmother and the love she had lived. With every flower she planted, she felt the weight of the past lifting, and a new light filling the house.

A year later, the garden was unrecognizable. The rose bushes were in full bloom, the paths cleared, and the central fountain was flowing once again. The villagers often stopped to admire Éléonore's work, and some shared anecdotes about Isabelle that she had never heard.

In this garden, Éléonore found not only a refuge but also a new beginning. Isabelle's letters remained in a frame by her desk, a constant reminder of the strength of love and resilience in the face of adversity.

And in this garden, bathed in sunlight and full of life, Éléonore promised never to let her own dreams fade, just as she had given new life to her grandmother's.

Les Arômes de Montmartre

Montmartre, avec ses rues pavées et ses lumières dorées, est un lieu où les histoires semblent flotter dans l'air, prêtes à être cueillies par quiconque est attentif. Au cœur de ce quartier pittoresque, une nouvelle boutique ouvrit ses portes un matin d'avril. La Chocolaterie des Rêves, lisait-on sur l'enseigne en lettres dorées. Derrière la vitrine, des chocolats scintillaient comme de petits trésors, et une douce odeur de cacao et d'épices embaumait la rue.

La propriétaire, Camille Morel, était une jeune femme aux cheveux bouclés et aux yeux pétillants. Elle avait grandi à Bordeaux, dans une famille de vignerons, mais son véritable amour avait toujours été le chocolat. Après des années passées à étudier l'art du chocolat à Paris, elle avait décidé de suivre son instinct et d'ouvrir sa propre boutique.

Dès le premier jour, la chocolaterie attira les curieux. Camille avait passé des semaines à perfectionner ses créations : des truffes au caramel salé, des ganaches infusées aux fleurs de lavande, et des pralines garnies d'épices exotiques. Mais ce n'était pas seulement leur goût qui captivait les visiteurs, c'était ce qu'ils ressentaient en les goûtant.

Une vieille dame, Madame Lefèvre, mordit dans une ganache à l'orange et s'arrêta net. Ses yeux s'embuèrent, et elle murmura :

« C'est le parfum des orangettes que ma mère préparait pendant la guerre... »

Elle passa le reste de l'après-midi à raconter à Camille des souvenirs d'enfance qu'elle n'avait jamais partagés avec personne.

Un autre client, un écrivain en quête d'inspiration, goûta une praline au piment d'Espelette et se mit soudainement à écrire frénétiquement sur son carnet. Il expliqua plus tard que le goût lui avait rappelé une nuit passée à Séville, où il avait connu un amour fugace mais intense.

Camille, bien que flattée par ces réactions, était perplexe. Elle n'avait jamais cherché à provoquer de telles émotions, seulement à offrir un moment de plaisir. Mais jour après jour, les histoires s'accumulaient. Une femme d'affaires trouva le courage de renouer avec son père après avoir goûté une truffe au whisky. Un jeune homme, perdu dans ses études, retrouva sa passion pour la peinture après avoir savouré une tablette au gingembre.

La rumeur de la chocolaterie se répandit, et bientôt, des clients de tout Paris affluaient pour goûter ces créations qui semblaient contenir bien plus que du chocolat.

Un soir, alors qu'elle travaillait tard, Camille ouvrit une boîte en bois que lui avait laissée sa grand-mère, une femme mystérieuse qui avait été guérisseuse dans un petit village du Sud. À l'intérieur, elle trouva d'anciennes recettes, accompagnées de notes. Certaines mentionnaient des ingrédients étranges : une pincée de « souvenirs heureux », une larme de « courage », une goutte de « rêve perdu ». Camille sourit en pensant que sa grand-mère avait toujours eu un flair pour le dramatique.

Mais en relisant les notes, elle se demanda si ces recettes n'étaient pas responsables de l'effet magique de ses chocolats. Peut-être que, sans le savoir, elle avait capté quelque chose d'invisible, un souffle d'émotion, en suivant les conseils inscrits sur ces vieux papiers.

Avec le temps, la chocolaterie devint un point de rencontre pour le quartier. Camille organisa des ateliers où les habitants venaient apprendre à créer leurs propres chocolats, partageant leurs histoires et leurs rêves. Les anciens voisins, autrefois distants, se retrouvaient autour de tasses de chocolat chaud. Les disputes se résolvaient, des amitiés naissaient, et les cœurs s'ouvraient.

Un jour, un critique gastronomique renommé entra dans la boutique. Après avoir goûté une simple tablette de chocolat noir, il écrivit dans son article :

« Ce n'est pas seulement du chocolat. C'est un voyage, une émotion, un rappel que la vie est faite de souvenirs, de saveurs, et de liens humains. »

Camille ne chercha jamais à expliquer la magie de ses créations. Elle se contentait de sourire lorsque ses clients partageaient leurs histoires. Pour elle, chaque chocolat était un cadeau, une manière de se connecter à l'âme de ceux qui le goûtaient.

Et dans les rues de Montmartre, illuminées par la lumière du soir, l'odeur de cacao et d'épices continuait d'attirer les passants, comme une promesse d'émerveillement et de douceur.

The Aromas of Montmartre

Montmartre, with its cobblestone streets and golden lights, is a place where stories seem to float in the air, ready to be picked by anyone who is attentive. In the heart of this picturesque neighborhood, a new shop opened its doors on an April morning. La Chocolaterie des Rêves, read the sign in golden letters. Behind the window, chocolates shimmered like little treasures, and a sweet scent of cocoa and spices filled the street.

The owner, Camille Morel, was a young woman with curly hair and sparkling eyes. She had grown up in Bordeaux, in a family of winemakers, but her true love had always been chocolate. After years of studying the art of chocolate in Paris, she decided to follow her instinct and open her own shop.

From the first day, the chocolaterie attracted the curious. Camille had spent weeks perfecting her creations: salted caramel truffles, lavender-infused ganaches, and pralines filled with exotic spices. But it wasn't just their taste that captivated visitors; it was what they felt while tasting them.

An elderly woman, Madame Lefèvre, bit into an orange ganache and stopped dead in her tracks. Her eyes misted over, and she whispered:

"It's the scent of the orange peels my mother used to prepare during the war..."

She spent the rest of the afternoon telling Camille childhood memories she had never shared with anyone.

Another customer, a writer searching for inspiration, tasted a chili praline and suddenly began writing frantically in his notebook. He later explained that the taste had reminded him of a night spent in Seville, where he had experienced a fleeting but intense love.

Camille, although flattered by these reactions, was perplexed. She had never intended to provoke such emotions, only to offer a moment of pleasure. But day after day, the stories piled up. A businesswoman found the courage to reconnect with her father after tasting a whisky truffle. A young man, lost in his studies, rediscovered his passion for painting after savoring a ginger chocolate bar.

The rumor of the chocolaterie spread, and soon, customers from all over Paris flocked to taste these creations that seemed to contain more than just chocolate.

One evening, while working late, Camille opened a wooden box that had been left to her by her grandmother, a mysterious woman who had been a healer in a small village in the South. Inside, she found old recipes, accompanied by notes. Some mentioned strange ingredients: a pinch of "happy memories," a tear of "courage," a drop of "lost dreams." Camille smiled, thinking her grandmother always had a flair for the dramatic.

But as she reread the notes, she wondered if these recipes were responsible for the magical effect of her chocolates. Perhaps, unknowingly, she had captured something invisible, a breath of emotion, by following the advice written on those old papers.

Over time, the chocolaterie became a meeting point for the neighborhood. Camille organized workshops where locals came to learn how to create their own chocolates, sharing their stories and dreams. Formerly distant neighbors gathered over cups of hot chocolate. Disputes were resolved, friendships were born, and hearts opened.

One day, a renowned food critic entered the shop. After tasting a simple dark chocolate bar, he wrote in his review:

"This is not just chocolate. It's a journey, an emotion, a reminder that life is made of memories, flavors, and human connections."

Camille never sought to explain the magic of her creations. She simply smiled when her customers shared their stories. For her, each chocolate was a gift, a way to connect with the soul of those who tasted it.

And in the streets of Montmartre, illuminated by the evening light, the scent of cocoa and spices continued to draw in passersby, like a promise of wonder and sweetness.

L'Étranger au Bord du Fleuve

La Seine serpentait lentement sous le ciel gris de Paris, un miroir brisé de lumière et d'ombres. Sur ses rives, le murmure des passants se mêlait au cri des marchands ambulants et au bruissement des feuilles dans les platanes. C'était là, au bord du fleuve, que James Cooper, un journaliste américain de trente-sept ans, passait ses journées.

Installé à une petite table en fer forgé devant un café, il feuilletait distraitement un carnet d'adresses. Depuis plusieurs mois, il vivait à Paris, officiellement pour écrire des articles sur la vie culturelle vibrante de l'après-guerre. Mais en réalité, il n'avait pas écrit une ligne depuis des semaines. Son carnet restait vide, tout comme son esprit.

Un jour, alors qu'il observait le courant paresseux de la Seine, une voix basse et rauque le tira de ses pensées.

« Vous attendez quelque chose ? »

James leva les yeux. Un homme se tenait là, grand, mince, avec des traits marqués et des yeux d'un gris perçant. Il portait un manteau usé et un béret noir incliné sur son front.

« Peut-être que j'attends qu'il se passe enfin quelque chose d'intéressant, » répondit James avec un sourire amer.

L'homme haussa un sourcil et s'assit sans attendre une invitation.

« Vous êtes Américain. Vous êtes perdu, » ajouta-t-il sans détour.

James rit, un rire creux.

« Peut-être. Et vous, qui êtes-vous ? »

« Je m'appelle Étienne. Je peins, mais cela n'a pas vraiment d'importance. »

Ainsi commença une amitié étrange et éphémère. Chaque jour, James et Étienne se retrouvaient près de la Seine. Étienne, avec sa voix grave et son regard acéré, parlait de tout et de rien : de l'art, de la guerre, de l'amour perdu. Il semblait capable de dénuder l'âme de James sans effort.

« Vous pensez trop, » disait-il souvent à l'Américain. « La vie n'a pas besoin d'être expliquée. Elle doit être vécue. »

James, fasciné, écoutait. Étienne avait une manière unique de voir le monde, un mélange de détachement et de passion. Lorsqu'il parlait de ses peintures, ses mots devenaient presque poétiques.

« Un tableau, ce n'est pas une image, » disait-il. « C'est une émotion figée dans le temps. »

Un matin, Étienne invita James à le suivre dans son atelier, une petite pièce en désordre nichée au sommet d'un immeuble sur la rive gauche. Les murs étaient couverts de toiles, certaines à peine commencées, d'autres éclatantes de couleurs.

James observa une peinture qui semblait capter toute son attention : une scène de la Seine, avec un homme assis seul à une table, une ombre mélancolique planant autour de lui.

« C'est vous, » dit Étienne en s'approchant.

James resta sans voix. Étienne avait capturé non seulement son image, mais aussi sa solitude, sa désillusion.

« Pourquoi m'avez-vous peint ? » demanda James après un long silence.

« Parce que vous avez oublié qui vous êtes, » répondit Étienne. « Peut-être que cela vous aidera à vous retrouver. »

Le lendemain, James se rendit à leur point de rendez-vous habituel, mais Étienne n'était pas là. Pas de trace de lui, ni au café, ni à l'atelier. L'homme mystérieux semblait avoir disparu aussi soudainement qu'il était apparu.

Dans les jours qui suivirent, James se surprit à écrire. Les mots coulaient comme le fleuve, et il remplissait enfin les pages de son carnet. Ce n'étaient pas des articles, mais des fragments d'idées, des récits inspirés de ses conversations avec Étienne.

Un soir, en passant devant une galerie d'art, il aperçut une exposition. À travers la vitre, il vit une toile familière : l'homme assis seul à une table. Son portrait. Étienne avait réussi à immortaliser ce moment, ce fragment de vérité, avant de disparaître.

James quitta Paris quelques mois plus tard, mais il emporta avec lui quelque chose qu'il n'avait pas eu depuis des années : un sens du but. Étienne, avec son énigmatique présence, lui avait montré que la vie n'avait pas besoin d'explications grandioses. Elle devait simplement être vécue, ressentie, transformée en art, en mots, en souvenirs.

Et à chaque fois qu'il repensait à Paris, à la Seine et à ce peintre mystérieux, James souriait, se demandant si tout cela avait vraiment eu lieu, ou si c'était simplement le fruit d'un rêve au bord du fleuve.

The Stranger by the River

The Seine wound slowly beneath the grey sky of Paris, a broken mirror of light and shadows. On its banks, the murmur of passersby blended with the cries of street vendors and the rustling of leaves in the plane trees. It was here, by the river, that James Cooper, a thirty-seven-year-old American journalist, spent his days.

Seated at a small wrought-iron table outside a café, he idly flipped through an address book. He had been living in Paris for several months, officially to write articles on the vibrant post-war cultural life. But in reality, he hadn't written a single line for weeks. His notebook remained empty, much like his mind.

One day, as he watched the lazy flow of the Seine, a low, raspy voice pulled him from his thoughts.

"You waiting for something?"

James looked up. A man stood there, tall and lean, with sharp features and piercing grey eyes. He wore a worn coat and a black beret tilted on his brow.

"Maybe I'm waiting for something interesting to finally happen," James replied with a bitter smile.

The man raised an eyebrow and sat down without waiting for an invitation.

"You're American. You're lost," he added bluntly.

James laughed, a hollow laugh.

"Maybe. And you, who are you?"

"My name is Étienne. I paint, but that doesn't really matter."

Thus began a strange and fleeting friendship. Every day, James and Étienne would meet by the Seine. Étienne, with his deep voice and sharp gaze, spoke about everything and nothing: art, war, lost love. He seemed able to strip James's soul bare effortlessly.

"You think too much," he often told the American. "Life doesn't need to be explained. It needs to be lived."

James, fascinated, listened. Étienne had a unique way of seeing the world, a mix of detachment and passion. When he spoke about his paintings, his words almost became poetic.

"A painting is not an image," he said. "It's an emotion frozen in time."

One morning, Étienne invited James to follow him to his studio, a small, cluttered room at the top of a building on the Left Bank. The walls were covered in canvases, some barely begun, others bursting with color.

James observed a painting that seemed to capture his attention: a scene of the Seine, with a man sitting alone at a table, a melancholic shadow hovering around him.

"It's you," said Étienne as he approached.

James was speechless. Étienne had captured not only his image but also his solitude, his disillusionment.

"Why did you paint me?" James asked after a long silence.

"Because you've forgotten who you are," Étienne replied. "Maybe this will help you find yourself."

The next day, James went to their usual meeting spot, but Étienne was not there. No sign of him, neither at the café nor at the studio. The mysterious man seemed to have vanished as suddenly as he had appeared.

In the following days, James found himself writing. The words flowed like the river, and he finally filled the pages of his notebook. These weren't articles, but fragments of ideas, stories inspired by his conversations with Étienne.

One evening, as he passed by an art gallery, he spotted an exhibition. Through the window, he saw a familiar painting: the man sitting alone at a table. His portrait. Étienne had managed to immortalize that moment, that fragment of truth, before disappearing.

James left Paris a few months later, but he took with him something he hadn't had in years: a sense of purpose. Étienne, with his enigmatic presence, had shown him that life didn't need grand explanations. It simply needed to be lived, felt, transformed into art, into words, into memories.

And every time he thought of Paris, of the Seine, and of that mysterious painter, James smiled, wondering if it had all really happened, or if it was just the fruit of a dream by the river.

Une Lettre pour Bombay

Dans un petit village de Provence, au pied des collines couvertes d'oliviers, Claire Vivier menait une existence paisible. À soixante-dix ans, la vie s'écoulait doucement entre son jardin, ses livres, et les promenades dans les ruelles ombragées. Ancienne professeure de français, elle vivait seule dans une maison en pierre, entourée d'un parfum de lavande et de roses grimpantes.

Un matin d'avril, alors qu'elle préparait son thé, elle trouva dans sa boîte aux lettres une enveloppe d'un jaune pâle, légèrement froissée, avec un timbre étranger. Ses mains tremblèrent lorsqu'elle reconnut l'écriture : des lettres élégantes, inclinées, qu'elle n'avait pas vues depuis des décennies.

Elle déchira l'enveloppe avec précaution et déplia la feuille de papier à l'intérieur.

La lettre commençait simplement :

Chère Claire,

Après tant d'années, je ne sais pas si cette lettre vous parviendra, ni si vous me reconnaîtrez. Je suis Anil Kapoor, votre ancien correspondant de Bombay. Vous souvenez-vous encore de moi ?

Claire porta une main à sa bouche. Anil Kapoor. Ce nom fit remonter une vague de souvenirs. Ils s'étaient écrits pendant presque dix ans, lorsqu'elle était une jeune étudiante de vingt ans. Leur correspondance avait commencé grâce à un programme d'échange linguistique. Elle, curieuse de découvrir le monde, avait été fascinée par ses récits de la vie en Inde : les marchés colorés, les festivités, les odeurs d'épices.

Elle lut la suite avec avidité :

Je suis aujourd'hui un homme âgé, tout comme vous, j'imagine. Je vis toujours à Bombay, dans la même maison où j'écrivais ces lettres. Mais la vie a été longue et pleine de surprises. En retrouvant vos anciennes lettres dans une boîte oubliée, j'ai ressenti le besoin de vous écrire à nouveau. Que devenez-vous ?

Claire posa la lettre sur la table et fixa l'extérieur. Les oliviers dansaient doucement sous le vent du printemps. Devait-elle répondre ? Après tout, tant de temps s'était écoulé. Anil ne connaissait plus la Claire qu'elle était devenue : une femme marquée par les années, par des joies simples et des regrets silencieux.

Mais la curiosité, et peut-être une certaine nostalgie, l'emportèrent. Elle sortit son plus beau papier à lettres et une plume qu'elle n'avait pas utilisée depuis des années.

La réponse de Claire était à la fois timide et chaleureuse :

Cher Anil,

Oui, je me souviens de vous. Comment pourrais-je oublier ces lettres qui ont illuminé mon jeune âge ? Je me souviens de vos descriptions si vivantes de Bombay, de vos rêves et de vos projets. Que la vie est étrange, n'est-ce pas, de nous ramener à ces souvenirs après tant d'années ?

Elle lui parla de sa vie : sa carrière d'enseignante, son mariage bref mais intense, sa retraite dans ce village provençal. Elle hésita à parler de ses regrets – les voyages qu'elle n'avait jamais faits, les rêves qu'elle avait laissés de côté. Mais quelque chose dans les mots d'Anil l'encouragea à se montrer honnête.

Les lettres commencèrent à aller et venir, traversant des milliers de kilomètres. Chaque lettre d'Anil était un rayon de lumière, pleine d'histoires sur la vie à Bombay, sur ses enfants, sur ses peintures – une passion qu'il avait développée après sa retraite.

En retour, Claire partageait des anecdotes sur son jardin, ses lectures, et la vie calme du village. Elle se surprit à écrire avec une légèreté qu'elle croyait avoir perdue.

À travers leurs lettres, Claire redécouvrit une partie d'elle-même qu'elle avait oubliée : la jeune femme curieuse, pleine d'espoir et de rêves. Anil lui rappelait ses propres ambitions, ses envies de voir le monde, de vivre intensément.

Un jour, il écrivit :

Claire, si vous aviez une seconde chance, que feriez-vous ?

Elle s'arrêta longuement devant cette question. Elle répondit finalement :

Peut-être que je voyagerais. Je viendrais à Bombay et je goûterais ces saveurs dont vous parliez dans vos lettres. Mais peut-être que je n'ai pas besoin de seconde chance. Peut-être que ces lettres sont ma seconde chance.

Quelques mois plus tard, Claire reçut un colis en provenance de Bombay. À l'intérieur, une peinture d'Anil : un jardin luxuriant, baigné de lumière dorée, qui ressemblait étrangement au sien. Accompagnant la peinture, une lettre simple :

Chère Claire,

Vous m'avez offert quelque chose d'inestimable : le souvenir de qui j'étais autrefois. Merci. Si vous ne pouvez venir à Bombay, alors laissez Bombay venir à vous.

Claire accrocha la peinture dans son salon. Chaque fois qu'elle la regardait, elle se sentait reliée à une amitié qui avait traversé le temps et la distance.

Dans son petit village de Provence, Claire continuait d'écrire à Anil. Leur correspondance ne compensait pas les rêves non réalisés, mais elle les transformait en une réalité douce et réconfortante.

Et chaque matin, en buvant son thé, Claire souriait à la vue de la peinture. Elle n'était plus seulement une femme âgée dans un village tranquille. Elle était Claire, l'amie d'Anil, voyageant à travers les mots et les souvenirs.

A Letter for Bombay

In a small village in Provence, at the foot of hills covered in olive trees, Claire Vivier led a peaceful life. At seventy, her days flowed gently between her garden, books, and walks through the shaded alleys. A former French teacher, she lived alone in a stone house, surrounded by the scent of lavender and climbing roses.

One morning in April, as she was preparing her tea, she found a pale yellow envelope, slightly crumpled, with a foreign stamp in her mailbox. Her hands trembled as she recognized the handwriting: elegant, slanted letters she hadn't seen in decades.

She carefully tore open the envelope and unfolded the sheet of paper inside.

The letter began simply:

Dear Claire,

After all these years, I don't know if this letter will reach you, or if you'll recognize me. I'm Anil Kapoor, your former correspondent from Bombay. Do you still remember me?

Claire brought a hand to her mouth. Anil Kapoor. The name brought a wave of memories. They had written to each other for almost ten years when she was a young twenty-year-old student. Their correspondence had started through a language exchange program. She, eager to discover the world, had been fascinated by his tales of life in India: the colorful markets, the festivals, the smells of spices.

She eagerly read on:

I am now an old man, just like you, I imagine. I still live in Bombay, in the same house where I wrote these letters. But life has been long and full of surprises. In finding your old letters in a forgotten box, I felt the need to write to you again. What have you been up to?

Claire placed the letter on the table and gazed outside. The olive trees danced gently in the spring breeze. Should she reply? After all, so much time had passed. Anil no longer knew the Claire she had become: a woman marked by the years, by simple joys and silent regrets.

But curiosity, and perhaps a certain nostalgia, took over. She took out her best stationery and a pen she hadn't used in years.

Claire's reply was both shy and warm:

Dear Anil,

Yes, I remember you. How could I forget those letters that lit up my young age? I remember your vivid descriptions of Bombay, your dreams, and your plans. Life is strange, isn't it, bringing us back to these memories after all these years?

She told him about her life: her teaching career, her brief but intense marriage, her retirement in this Provencal village. She hesitated to speak of her regrets—the travels she never took, the dreams she set aside. But something in Anil's words encouraged her to be honest.

The letters began to flow back and forth, crossing thousands of miles. Each of Anil's letters was a ray of light, full of stories about life in Bombay, his children, his paintings—a passion he had developed after his retirement.

In return, Claire shared anecdotes about her garden, her reading, and the peaceful life in the village. She found herself writing with a lightness she thought she had lost.

Through their letters, Claire rediscovered a part of herself she had forgotten: the young woman full of curiosity, hope, and dreams. Anil reminded her of her own ambitions, her desires to see the world, to live intensely.

One day, he wrote:

Claire, if you had a second chance, what would you do?

She paused for a long time before answering. She finally wrote:

Perhaps I would travel. I would come to Bombay and taste those flavors you spoke of in your letters. But maybe I don't need a second chance. Maybe these letters are my second chance.

A few months later, Claire received a package from Bombay. Inside, a painting by Anil: a lush garden bathed in golden light, which strangely resembled her own. Along with the painting, a simple letter:

Dear Claire,

You've given me something invaluable: the memory of who I once was. Thank you. If you cannot come to Bombay, then let Bombay come to you.

Claire hung the painting in her living room. Every time she looked at it, she felt connected to a friendship that had transcended time and distance.

In her small village in Provence, Claire continued to write to Anil. Their correspondence didn't compensate for the unfulfilled dreams, but it transformed them into a gentle and comforting reality.

And each morning, as she drank her tea, Claire smiled at the sight of the painting. She was no longer just an old woman in a quiet village. She was Claire, Anil's friend, traveling through words and memories.

L'Hôtel des Ombres

———

Dans une ruelle sombre et étroite du quartier du Marais à Paris, se dressait un vieil hôtel qui semblait avoir été oublié par le temps. L'enseigne en fer forgé, légèrement tordue, portait en lettres décolorées : *Hôtel des Ombres.*

L'extérieur décrépit trahissait une élégance passée : des volets fissurés, une porte en bois usée, mais une aura intemporelle qui attirait les âmes perdues et les voyageurs en quête d'un refuge.

La gardienne de cet étrange hôtel était une femme nommée Margaux. À cinquante-cinq ans, elle était discrète, toujours vêtue de noir, avec des cheveux argentés noués en un chignon strict. Les habitants du quartier murmuraient à propos d'elle, évoquant un passé mystérieux. Mais Margaux, silencieuse et attentive, ne se confiait jamais. Elle observait. Et, dans le calme de son comptoir, elle recollait les morceaux des vies brisées qui passaient sous son toit.

Un soir pluvieux de novembre, un homme entra, trempé jusqu'aux os. Il portait une valise usée et une expression d'égarement.

« Bonsoir, je cherche une chambre, » dit-il, d'une voix basse et hésitante.

Margaux l'observa un instant avant de répondre.

« Nous avons une chambre au troisième étage. Simple, mais confortable. »

L'homme s'appelait Ethan Clarke, un poète canadien qui avait quitté Montréal pour fuir un mariage brisé et une carrière en ruines. Chaque soir, il s'asseyait dans le petit salon de l'hôtel, un verre de vin rouge à la main, griffonnant des vers sur des feuilles froissées. Margaux le regardait du coin de l'œil, devinant une douleur qu'il tentait de cacher.

Un soir, il murmura en sa direction :

« Cet endroit... il semble avoir une mémoire. Comme s'il retenait les échos de ceux qui sont passés avant. »

Elle hocha la tête.

« Les murs ont des oreilles, monsieur Clarke. Et des souvenirs. »

Peu après l'arrivée d'Ethan, une autre cliente fit son entrée : une femme élégante d'une quarantaine d'années, avec un manteau de laine gris et un voile noir. Elle s'appelait Louise Martin, une veuve récemment endeuillée.

Louise occupait une chambre au deuxième étage, où elle passait des heures à regarder par la fenêtre, les yeux fixés sur la rue en contrebas. Margaux, avec sa discrétion habituelle, apportait parfois du thé à Louise et s'asseyait avec elle sans dire un mot.

Un jour, Louise brisa le silence.

« Cet hôtel... il a quelque chose d'étrange. Comme si les ombres dansaient dans les coins. »

Margaux répondit doucement :

« Peut-être parce que les ombres portent les secrets que nous laissons derrière nous. »

Le troisième résident arriva au milieu de la nuit. C'était un homme maigre et nerveux, avec des mains fines et agitées. Il se présenta sous le nom de Stefan. Margaux devina immédiatement qu'il fuyait quelque chose, mais elle ne posa pas de questions.

Stefan passait ses nuits à jouer du piano dans le salon de l'hôtel, des mélodies mélancoliques qui résonnaient dans les couloirs. Les autres clients, Ethan et Louise, écoutaient en silence, trouvant dans cette musique une étrange consolation.

Un soir, après avoir terminé une pièce particulièrement poignante, Stefan s'adressa à Margaux :

« Vous savez, je ne joue pas pour les autres. Je joue pour les ombres qui m'entourent. Elles sont les seules à comprendre. »

Margaux fixa ses mains, marquées par des cicatrices invisibles.

« Vous jouez pour la mémoire, monsieur Stefan. Et les ombres sont remplies de mémoire. »

Au fil des semaines, les trois résidents commencèrent à se parler, d'abord timidement, puis avec plus de confiance. Ethan partagea ses poèmes avec Louise, qui lui raconta des histoires de son mari disparu. Stefan, quant à lui, jouait des morceaux inspirés par les mots d'Ethan et les souvenirs de Louise.

Margaux restait en arrière-plan, regardant ces vies se croiser et s'entrelacer. Mais elle savait que leurs liens n'étaient pas qu'un hasard.

Un soir, alors que la pluie battait contre les vitres, Louise trouva dans sa chambre une vieille photo glissée sous sa porte. Elle montrait une jeune femme au piano, entourée d'un groupe de personnes dans ce qui semblait être le salon de l'hôtel.

Reconnaissant Margaux sur la photo, Louise descendit immédiatement.

« C'est vous, n'est-ce pas ? Qui sont ces gens ? »

Margaux hésita, mais finit par répondre :

« Ce sont des fragments de mon passé. Des musiciens, des écrivains, des rêveurs. Comme vous. »

Ethan, Louise et Stefan quittèrent l'hôtel des Ombres, chacun emportant avec eux quelque chose qu'ils avaient perdu : l'inspiration, la paix intérieure, ou simplement une raison de continuer.

Margaux, quant à elle, resta. Elle continuait de veiller sur cet endroit hors du temps, où les vies se croisaient et où les ombres racontaient des histoires.

Car, dans cet hôtel parisien en ruines, chaque départ laissait une empreinte, et chaque arrivée portait un écho du passé.

The Hotel of Shadows

In a dark and narrow alley in the Marais district of Paris stood an old hotel that seemed to have been forgotten by time. The wrought-iron sign, slightly twisted, bore faded letters: *Hôtel des Ombres.*

The decrepit exterior betrayed a once-past elegance: cracked shutters, a weathered wooden door, but an ageless aura that attracted lost souls and travelers in search of refuge.

The guardian of this strange hotel was a woman named Margaux. At fifty-five, she was discreet, always dressed in black, with silver hair tied in a neat bun. The locals whispered about her, mentioning a mysterious past. But Margaux, silent and observant, never confided in anyone. She watched. And, in the quiet of her desk, she pieced together the fragments of broken lives that passed under her roof.

On a rainy evening in November, a man entered, soaked to the bone. He carried a worn suitcase and had a look of confusion.

"Good evening, I'm looking for a room," he said, in a low, hesitant voice.

Margaux observed him for a moment before responding.

"We have a room on the third floor. Simple, but comfortable."

The man's name was Ethan Clarke, a Canadian poet who had left Montreal to flee a broken marriage and a ruined career. Every evening, he would sit in the hotel's small lounge, a glass of red wine in hand, scribbling verses on crumpled sheets of paper. Margaux would watch him out of the corner of her eye, sensing a pain he tried to hide.

One evening, he murmured in her direction:

"This place... it seems to have a memory. Like it holds the echoes of those who've passed before."

She nodded.

"The walls have ears, Mr. Clarke. And memories."

Not long after Ethan's arrival, another guest entered: an elegant woman in her forties, wearing a gray wool coat and a black veil. Her name was Louise Martin, a recently widowed woman.

Louise took a room on the second floor, where she would spend hours looking out the window, her gaze fixed on the street below. Margaux, with her usual discretion, would sometimes bring Louise tea and sit with her without saying a word.

One day, Louise broke the silence.

"This hotel... there's something strange about it. Like the shadows are dancing in the corners."

Margaux replied softly:

"Perhaps because the shadows carry the secrets we leave behind."

The third resident arrived in the middle of the night. He was a thin and nervous man with delicate, restless hands. He introduced himself as Stefan. Margaux immediately sensed that he was fleeing something, but she asked no questions.

Stefan spent his nights playing the piano in the hotel's lounge, melancholic melodies that echoed through the halls. The other guests, Ethan and Louise, listened in silence, finding a strange comfort in the music.

One evening, after finishing a particularly poignant piece, Stefan addressed Margaux:

"You know, I don't play for others. I play for the shadows surrounding me. They're the only ones who understand."

Margaux looked at his hands, marked by invisible scars.

"You play for memory, Mr. Stefan. And the shadows are filled with memory."

As the weeks went by, the three residents began to speak to each other, first timidly, then with more trust. Ethan shared his poems with Louise, who told him stories of her late husband. Stefan, in turn, played pieces inspired by Ethan's words and Louise's memories.

Margaux remained in the background, watching their lives intersect and intertwine. But she knew that their connections were no accident.

One evening, as the rain hammered against the windows, Louise found an old photo slipped under her door. It showed a young woman at a piano, surrounded by a group of people in what seemed to be the hotel's lounge.

Recognizing Margaux in the photo, Louise immediately went downstairs.

"It's you, isn't it? Who are these people?"

Margaux hesitated but finally replied:

"They are fragments of my past. Musicians, writers, dreamers. Like you."

Ethan, Louise, and Stefan left the Hôtel des Ombres, each taking with them something they had lost: inspiration, inner peace, or simply a reason to go on.

Margaux, however, stayed. She continued to watch over the place, outside of time, where lives crossed and shadows told stories.

For, in this dilapidated Parisian hotel, every departure left an imprint, and every arrival carried an echo from the past.

Le Sel de la Vie

La cuisine avait toujours été la vie de Julien Mercier. Chef talentueux mais hanté par l'échec de son restaurant parisien, il s'était retrouvé à un tournant de son existence. À trente-huit ans, il était las de la ville, de ses bruits incessants et de ses jugements sévères.

Un jour, après un énième service où les plats manquaient de saveur autant que son cœur manquait d'envie, il fit ses valises. Sa destination : les côtes sauvages de la Bretagne, là où il espérait retrouver l'essence même de la cuisine – le sel de la vie.

Julien arriva à Guérande, célèbre pour ses marais salants, par une matinée brumeuse. L'air iodé semblait purger ses poumons fatigués. Les champs de sel, avec leurs eaux miroitantes et leurs lignes géométriques parfaites, étaient une œuvre d'art vivante.

Il avait organisé son séjour chez une famille de paludiers, les Bolloré. Jean, le patriarche, l'accueillit avec un sourire chaleureux.

« Alors, vous voulez apprendre à récolter le sel, monsieur le chef ? » demanda Jean en riant.

Julien hocha la tête.

« Oui, et peut-être aussi apprendre à retrouver le goût des choses simples. »

Jean le conduisit aux marais, où il lui expliqua les gestes précis du paludier : ratisser, recueillir les cristaux, respecter le rythme de la nature. Julien écoutait avec attention, ses mains habituées aux couteaux et aux poêles s'adaptant à ces nouveaux outils.

Parmi les travailleurs des marais, il remarqua une femme au regard perçant et aux cheveux blonds emmêlés par le vent. Éloïse, la fille de Jean, travaillait avec une détermination calme.

Un soir, alors qu'ils étaient seuls à surveiller les marais sous un ciel étoilé, elle brisa le silence.

« Pourquoi êtes-vous vraiment ici, Julien ? »

Pris au dépourvu, il répondit honnêtement :

« J'ai perdu quelque chose... peut-être moi-même. À Paris, tout allait trop vite. Ici, tout semble plus... réel. »

Éloïse sourit doucement.

« La mer a une façon de vous rappeler qui vous êtes. Mais il faut du temps. Vous êtes prêt à attendre ? »

Julien réfléchit un moment avant de murmurer :

« Je n'ai plus rien à perdre. »

Les jours passaient, rythmés par le soleil et le vent. Julien apprenait à apprécier la lenteur et la précision nécessaires pour récolter le sel. Chaque cristal qu'il cueillait semblait être une petite victoire, un rappel que la patience et l'attention donnaient naissance à quelque chose de précieux.

Inspiré par ce qu'il voyait et ressentait, il commença à cuisiner à nouveau, utilisant le sel de Guérande dans des recettes simples mais pleines de saveur. Il créa un plat de poisson local accompagné de légumes du marché, assaisonné juste ce qu'il fallait avec le sel qu'il avait lui-même récolté.

Un soir, il invita les Bolloré à partager son repas. Jean, après une première bouchée, s'exclama :

« Julien, c'est comme si on goûtait la mer ! »

Éloïse, silencieuse, souriait. Julien sentit une chaleur nouvelle en lui, un mélange de fierté et de gratitude.

La relation entre Julien et Éloïse se transforma peu à peu. Ce qui n'était au départ que des échanges courtois devint des conversations longues et profondes. Ils partageaient leurs rêves, leurs peurs, et un soir, au bord des marais, leurs lèvres se rencontrèrent pour la première fois.

Éloïse lui apprit à regarder la mer autrement, à écouter ses murmures et à sentir sa force apaisante. Julien, quant à lui, lui fit découvrir la magie de la cuisine, comment un simple repas pouvait raconter une histoire.

Au bout de trois mois, Julien savait qu'il ne serait plus jamais le même. Il avait retrouvé non seulement l'amour pour son métier, mais aussi une paix intérieure qu'il n'avait jamais connue.

Avant de quitter Guérande, il préparait un dernier dîner pour la famille Bolloré et leurs amis. Le plat principal, un risotto aux coquillages, utilisait le sel de Guérande comme ingrédient principal. Chaque bouchée était un hommage à la terre, à la mer et aux gens qui l'avaient accueilli.

Éloïse, en l'aidant à débarrasser après le repas, murmura :

« Tu pourrais rester, tu sais. »

Julien lui prit la main.

« Et si je revenais ? Pour de bon. »

Quelques mois plus tard, Julien ouvrit un petit restaurant à Guérande, où il cuisinait avec les ingrédients locaux et le sel qu'il continuait à récolter lui-même. Éloïse était à ses côtés, sa présence apportant un équilibre à sa vie.

Le restaurant, nommé *Le Sel de la Vie*, devint rapidement un lieu où les gens venaient non seulement pour manger, mais pour se reconnecter avec les saveurs simples et profondes de la vie.

Julien avait trouvé ce qu'il cherchait – une raison de créer, d'aimer, et de savourer chaque instant.

The Salt of Life

———

Cooking had always been Julien Mercier's life. A talented chef haunted by the failure of his Parisian restaurant, he found himself at a crossroads in his existence. At thirty-eight, he was tired of the city, its constant noise, and its harsh judgments.

One day, after yet another service where the dishes lacked flavor as much as his heart lacked desire, he packed his bags. His destination: the wild shores of Brittany, where he hoped to rediscover the very essence of cooking – the salt of life.

Julien arrived in Guérande, famous for its salt marshes, on a misty morning. The salty air seemed to cleanse his tired lungs. The salt fields, with their shimmering waters and perfect geometric lines, were a living work of art.

He had arranged his stay with a family of salt farmers, the Bolloré family. Jean, the patriarch, greeted him with a warm smile. "So, you want to learn how to harvest salt, chef?" Jean asked, laughing.

Julien nodded. "Yes, and perhaps also learn to rediscover the taste of simple things."

Jean took him to the marshes, where he explained the precise movements of the salt worker: raking, collecting crystals, respecting nature's rhythm. Julien listened attentively, his hands accustomed to knives and pans, now adapting to these new tools.

Among the workers in the marshes, he noticed a woman with piercing eyes and hair tangled by the wind. Éloïse, Jean's daughter, worked with a calm determination.

One evening, while they were alone watching the marshes under a starry sky, she broke the silence. "Why are you really here, Julien?"

Caught off guard, he answered honestly: "I've lost something... maybe myself. In Paris, everything moved too fast. Here, everything seems... more real."

Éloïse smiled softly. "The sea has a way of reminding you who you are. But it takes time. Are you ready to wait?"

Julien thought for a moment before whispering: "I have nothing left to lose."

Days passed, marked by the sun and the wind. Julien learned to appreciate the slowness and precision required to harvest salt. Each crystal he collected seemed like a small victory, a reminder that patience and attention gave birth to something precious.

Inspired by what he saw and felt, he began cooking again, using Guérande salt in simple recipes full of flavor. He created a local fish dish with market vegetables, seasoned just right with the salt he had harvested himself.

One evening, he invited the Bolloré family to share his meal. Jean, after the first bite, exclaimed: "Julien, it's like tasting the sea!"

Éloïse, silent, smiled. Julien felt a new warmth inside him, a mix of pride and gratitude.

The relationship between Julien and Éloïse slowly transformed. What started as polite exchanges became long, deep conversations. They shared their dreams, their fears, and one evening, by the marshes, their lips met for the first time.

Éloïse taught him to see the sea differently, to listen to its whispers and feel its soothing strength. Julien, in turn, showed her the magic of cooking, how a simple meal could tell a story.

After three months, Julien knew he would never be the same. He had rediscovered not only his love for his craft but also an inner peace he had never known before.

Before leaving Guérande, he prepared a final dinner for the Bolloré family and their friends. The main dish, a shellfish risotto, used Guérande salt as the key ingredient. Every bite was a tribute to the land, the sea, and the people who had welcomed him.

Éloïse, helping him clear the table after the meal, whispered: "You could stay, you know."

Julien took her hand. "What if I came back? For good."

A few months later, Julien opened a small restaurant in Guérande, where he cooked with local ingredients and the salt he continued to harvest himself. Éloïse was by his side, her presence bringing balance to his life.

The restaurant, called *The Salt of Life*, quickly became a place where people came not only to eat but to reconnect with the simple and deep flavors of life.

Julien had found what he had been searching for – a reason to create, to love, and to savor every moment.

La Corse

La lumière douce du matin enveloppait la petite crique où le bateau de Clara venait d'accoster. Elle descendit sur le sable doré, une urne serrée contre sa poitrine. Le vent chargé de sel effleurait son visage, mêlant les odeurs de la mer et des herbes sauvages.

La Corse était un endroit dont Éric, son mari, avait souvent parlé avec une certaine nostalgie, mais il n'y était jamais retourné. C'était son dernier souhait : reposer là, sur cette île qui semblait à la fois un refuge et un mystère.

Clara n'avait pas hésité. Malgré le poids de son deuil, elle avait organisé ce voyage, espérant y trouver une forme de paix.

Le village de Cargèse, niché entre les collines et la mer, semblait figé dans le temps. Des maisons en pierre blanche, des ruelles pavées et une église qui dominait tout le reste. Clara s'arrêta devant une petite auberge où une vieille femme l'accueillit.

« Vous êtes ici pour des vacances ? » demanda-t-elle avec un sourire cordial.

Clara hésita avant de répondre.

« Non... je suis ici pour mon mari. Il voulait que ses cendres soient dispersées ici. »

La vieille femme hocha lentement la tête, ses yeux brillants de compréhension.

« Alors, vous cherchez peut-être plus que cela. »

Clara fronça les sourcils, mais la vieille femme n'ajouta rien de plus.

Le lendemain, Clara se promena dans les ruelles, tenant l'urne fermement. Elle avait prévu de trouver un endroit paisible près de la mer pour accomplir la cérémonie. Mais son attention fut attirée par une petite librairie, poussiéreuse et discrète.

À l'intérieur, elle trouva un vieil homme, le libraire, qui sembla surpris en la voyant.

« Vous devez être Clara, » dit-il d'une voix rauque.

Elle fut stupéfaite.

« Comment connaissez-vous mon nom ? »

Le vieil homme sourit tristement.

« Éric venait ici souvent, autrefois. Nous étions amis. Il parlait beaucoup de vous. »

Clara sentit une vague d'émotion monter en elle. Éric ne lui avait jamais parlé de cette librairie ni de cet homme.

« Il a quitté cette île il y a si longtemps... » murmura-t-elle.

Le libraire hocha la tête.

« Mais il n'a jamais vraiment oublié cet endroit. Il m'a laissé cela pour vous, au cas où vous viendriez un jour. »

Il lui tendit une boîte en bois. À l'intérieur, Clara trouva des lettres, des photographies et un carnet.

Dans la solitude de sa chambre d'auberge, Clara commença à lire les lettres. Elles racontaient une partie de la vie d'Éric qu'elle ignorait : ses étés passés en Corse, sa passion pour la photographie, et une femme nommée Alina.

Le carnet contenait des croquis, des poèmes, et des réflexions sur le temps, la mémoire, et l'amour. Éric semblait tiraillé entre son passé en Corse et sa vie avec Clara.

Elle ne ressentit pas de jalousie, mais une profonde tristesse. Elle réalisa qu'elle n'avait jamais connu entièrement l'homme qu'elle aimait.

Le jour suivant, Clara se rendit seule sur une plage isolée. Le vent soufflait doucement, et les vagues léchaient le rivage.

Elle ouvrit l'urne et, dans un geste lent et solennel, laissa les cendres d'Éric se mêler au sable et à l'eau.

« Repose ici, Éric, » murmura-t-elle. « Là où ton cœur a toujours voulu être. »

Elle resta longtemps à regarder la mer, se sentant à la fois vide et apaisée.

Avant de quitter Cargèse, Clara retourna à la librairie pour remercier le vieil homme.

« Merci de m'avoir aidée à le comprendre un peu mieux, » dit-elle.

Le libraire lui répondit avec un sourire doux.

« Parfois, ce n'est qu'après leur départ que nous voyons vraiment ceux que nous aimons. »

Clara quitta la librairie avec une nouvelle détermination. Elle comprenait qu'Éric avait gardé des parties de lui-même cachées non pas par manque d'amour, mais parce que c'était ce qu'il était.

En quittant la Corse, Clara se sentit changée. Elle avait perdu un mari, mais elle avait trouvé une force qu'elle ne savait pas posséder – une capacité à embrasser l'inconnu et à avancer, même avec un cœur brisé.

Sous le soleil éclatant de l'île, elle marcha une dernière fois le long de la rive, sentant que, d'une manière ou d'une autre, elle avait aussi laissé derrière elle une part de son propre passé.

Corsica

T he soft morning light enveloped the small cove where Clara's boat had just docked. She stepped onto the golden sand, an urn pressed tightly against her chest. The salt-laden wind brushed her face, blending the scents of the sea and wild herbs.

Corsica was a place that Eric, her husband, had often spoken of with a certain nostalgia, but he had never returned. It was his last wish: to rest here, on this island that seemed both a refuge and a mystery.

Clara did not hesitate. Despite the weight of her grief, she organized the trip, hoping to find some form of peace.

The village of Cargèse, nestled between the hills and the sea, seemed frozen in time. White stone houses, cobblestone streets, and a church that dominated everything else. Clara stopped in front of a small inn where an old woman greeted her.

"Are you here for vacation?" she asked with a cordial smile.

Clara hesitated before answering.

"No... I'm here for my husband. He wanted his ashes scattered here."

The old woman slowly nodded, her eyes gleaming with understanding.

"Then, perhaps you're looking for something more than that."

Clara frowned, but the old woman said nothing more.

The next day, Clara wandered through the streets, holding the urn firmly. She had planned to find a peaceful spot near the sea to perform the ceremony. But her attention was caught by a small, dusty bookstore.

Inside, she found an old man, the bookseller, who seemed surprised to see her.

"You must be Clara," he said in a raspy voice.

She was stunned.

"How do you know my name?"

The old man smiled sadly.

"Eric used to come here often, back then. We were friends. He spoke a lot about you."

Clara felt a wave of emotion rise within her. Eric had never mentioned this bookstore or this man.

"He left this island so long ago..." she murmured.

The bookseller nodded.

"But he never really forgot this place. He left this for you, in case you came one day."

He handed her a wooden box. Inside, Clara found letters, photographs, and a notebook.

In the solitude of her inn room, Clara began to read the letters. They told a part of Eric's life that she hadn't known: his summers spent in Corsica, his passion for photography, and a woman named Alina.

The notebook contained sketches, poems, and reflections on time, memory, and love. Eric seemed torn between his past in Corsica and his life with Clara.

She didn't feel jealousy, but a deep sadness. She realized that she had never fully known the man she loved.

The following day, Clara went alone to a secluded beach. The wind blew gently, and the waves licked the shore.

She opened the urn and, in a slow and solemn gesture, allowed Eric's ashes to mix with the sand and water.

"Rest here, Eric," she murmured. "Where your heart has always wanted to be."

She stayed for a long time, watching the sea, feeling both empty and at peace.

Before leaving Cargèse, Clara returned to the bookstore to thank the old man.

"Thank you for helping me understand him a little better," she said.

The bookseller replied with a gentle smile.

"Sometimes, it's only after their departure that we truly see those we love."

Clara left the bookstore with a new determination. She understood that Eric had kept parts of himself hidden not out of lack of love, but because that was who he was.

As she left Corsica, Clara felt changed. She had lost a husband, but she had found a strength she hadn't known she had—a capacity to embrace the unknown and move forward, even with a broken heart.

Under the island's bright sun, she walked one last time along the shore, feeling that, in some way, she had also left behind a part of her own past.

L'Écho des Ombres

Le soleil déclinait sur les collines rocailleuses du Languedoc, baignant le paysage dans une lumière dorée. Camille dégagea une mèche de cheveux de son visage poussiéreux, son cœur battant d'excitation. Devant elle, une fissure sombre dans la roche s'ouvrait comme une bouche béante.

« Tu es sûre que c'est une grotte ? » demanda Julien, son collègue, les sourcils levés.

Camille hocha la tête.

« Regarde ces formations. Elles sont naturelles, mais l'ouverture est trop régulière. Quelqu'un est passé par ici. »

Julien haussa les épaules, sceptique, mais il connaissait l'instinct de Camille. Depuis qu'elle était enfant, elle avait un don pour découvrir ce qui se cachait dans les profondeurs.

Avec précaution, ils entrèrent dans la grotte. La lumière de leurs lampes frontales dansait sur les parois, révélant des stalactites scintillantes et des ombres mouvantes. L'air était frais, presque glacial, et portait une odeur de pierre et d'humidité.

Après quelques mètres, Camille s'arrêta net.

« Regarde ça ! » murmura-t-elle.

Sur la paroi, des dessins anciens apparaissaient, tracés à l'ocre et au charbon. Des figures humaines dansaient autour de bêtes majestueuses : bisons, chevaux, et mammouths. Les lignes étaient simples mais empreintes d'une vie vibrante.

Julien siffla, impressionné.

« Ça date sûrement du Paléolithique. Tu viens de trouver une grotte préhistorique, Camille. C'est incroyable. »

Mais Camille n'entendait pas. Elle était captivée par une scène en particulier : une silhouette isolée, plus petite que les autres, entourée d'ombres menaçantes.

Les jours suivants furent une effervescence d'activités. Des archéologues, des conservateurs, et même des journalistes affluaient pour documenter la découverte. Pourtant, Camille se sentait étrangement déconnectée de leur excitation.

Elle passait des heures seule dans la grotte, scrutant les dessins et imaginant la vie des artistes qui les avaient créés. Elle se demandait ce qu'ils avaient ressenti en peignant ces ombres. Étaient-ils effrayés ? Espéraient-ils exorciser leurs peurs à travers l'art ?

Ces questions résonnaient en elle d'une manière qu'elle n'osait pas encore affronter.

Un soir, alors que la grotte était silencieuse, Camille s'assit près de la scène qui l'avait tant fascinée. Elle posa sa lampe pour que la lumière illumine doucement la petite silhouette entourée d'ombres.

Elle se souvint de son propre passé : de son père, disparu lorsqu'elle avait dix ans. Il était parti un matin, sans explication, laissant derrière lui un vide que rien n'avait pu combler.

Camille avait grandi en portant ce poids, comme une ombre toujours présente dans son esprit.

Alors qu'elle contemplait les dessins, une voix douce rompit le silence.

« Vous semblez troublée. »

Camille sursauta et se retourna pour voir une femme âgée, vêtue d'une écharpe colorée, se tenant à l'entrée de la grotte.

« Qui êtes-vous ? » demanda Camille, méfiante.

La femme sourit.

« Je m'appelle Éléonore. Je vis dans le village voisin. Je viens ici parfois... pour écouter les échos. »

Camille fronça les sourcils.

« Les échos ? »

Éléonore s'avança lentement, ses yeux brillants d'une sagesse tranquille.

« Ces grottes contiennent plus que des dessins. Elles renferment des histoires, des émotions. Si vous écoutez attentivement, vous pouvez entendre les murmures du passé. »

Camille passa plusieurs soirées avec Éléonore. La vieille femme lui racontait les légendes locales sur les grottes, mêlant histoire et folklore.

Un soir, Éléonore posa une main légère sur l'épaule de Camille.

« Vous portez vos propres ombres, n'est-ce pas ? »

Camille sentit les larmes monter.

« Mon père... il est parti quand j'étais enfant. Je ne sais pas pourquoi. Je n'ai jamais pu lui poser la question. »

Éléonore hocha la tête, ses yeux emplis de compassion.

« Peut-être que ces ombres ne sont pas là pour vous effrayer, mais pour vous guider. Regardez-les en face, et vous trouverez peut-être la lumière. »

Inspirée par les paroles d'Éléonore, Camille retourna à la grotte avec un carnet de croquis. Elle se mit à dessiner les scènes telles qu'elle les voyait, ajoutant ses propres interprétations.

Peu à peu, elle commença à sentir un apaisement. En se plongeant dans l'histoire des artistes préhistoriques, elle comprit que l'art était leur moyen de survivre, de donner un sens à leurs luttes et à leurs peurs.

Camille se permit enfin de ressentir la douleur de l'abandon, mais aussi de reconnaître la force qu'elle avait acquise en vivant avec cette blessure.

Des mois plus tard, la grotte fut classée site historique, attirant des visiteurs du monde entier. Camille, elle, décida de quitter le projet pour explorer d'autres horizons.

Avant de partir, elle revint une dernière fois dans la grotte. Elle posa sa main sur la paroi, près de la silhouette entourée d'ombres.

« Merci, » murmura-t-elle, comme si elle s'adressait aux artistes disparus depuis des millénaires.

En sortant, elle sentit une légèreté nouvelle. Les ombres faisaient toujours partie d'elle, mais elles ne la définissaient plus.

The Echo of Shadows

The sun was setting over the rocky hills of Languedoc, bathing the landscape in a golden light. Camille brushed a strand of hair from her dusty face, her heart pounding with excitement. In front of her, a dark crack in the rock opened like a gaping mouth.

"Are you sure this is a cave?" asked Julien, her colleague, raising an eyebrow.

Camille nodded.

"Look at these formations. They're natural, but the opening is too regular. Someone has been here."

Julien shrugged, skeptical, but he knew Camille's instincts well. Since childhood, she had had a gift for discovering what lay hidden in the depths.

Carefully, they entered the cave. The light from their headlamps danced on the walls, revealing sparkling stalactites and shifting shadows. The air was cool, almost icy, and carried a scent of stone and dampness.

After a few meters, Camille stopped abruptly.

"Look at this!" she whispered.

On the wall, ancient drawings appeared, traced with ochre and charcoal. Human figures danced around majestic beasts: bison, horses, and mammoths. The lines were simple but full of vibrant life.

Julien whistled, impressed.

"This must be from the Paleolithic. You've just found a prehistoric cave, Camille. This is incredible."

But Camille wasn't listening. She was captivated by one particular scene: a solitary figure, smaller than the others, surrounded by threatening shadows.

The following days were a whirlwind of activity. Archaeologists, curators, and even journalists arrived to document the discovery. Yet Camille felt strangely disconnected from their excitement.

She spent hours alone in the cave, studying the drawings and imagining the lives of the artists who had created them. She wondered what they had felt as they painted these shadows. Were they afraid? Did they hope to exorcise their fears through art?

These questions echoed in her, in a way she wasn't yet ready to confront.

One evening, as the cave was silent, Camille sat near the scene that had so fascinated her. She placed her lamp so that the light gently illuminated the small figure surrounded by shadows.

She remembered her own past: her father, who had disappeared when she was ten. He left one morning without explanation, leaving behind a void that nothing had been able to fill.

Camille had grown up carrying this weight, like a shadow that was always present in her mind.

As she gazed at the drawings, a soft voice broke the silence.

"You seem troubled."

Camille jumped and turned around to see an elderly woman, dressed in a colorful scarf, standing at the entrance of the cave.

"Who are you?" asked Camille, wary.

The woman smiled.

"My name is Éléonore. I live in the nearby village. I come here sometimes... to listen to the echoes."

Camille furrowed her brow.

"The echoes?"

Éléonore slowly approached, her eyes shining with calm wisdom.

"These caves hold more than just drawings. They contain stories, emotions. If you listen carefully, you can hear the whispers of the past."

Camille spent several evenings with Éléonore. The old woman told her local legends about the caves, blending history and folklore.

One evening, Éléonore placed a gentle hand on Camille's shoulder.

"You carry your own shadows, don't you?"

Camille felt tears well up.

"My father... he left when I was a child. I never knew why. I could never ask him."

Éléonore nodded, her eyes filled with compassion.

"Perhaps these shadows aren't here to frighten you, but to guide you. Face them, and you may find the light."

Inspired by Éléonore's words, Camille returned to the cave with a sketchbook. She began drawing the scenes as she saw them, adding her own interpretations.

Slowly, she began to feel a sense of peace. By immersing herself in the history of the prehistoric artists, she understood that art had been their way of surviving, giving meaning to their struggles and fears.

Camille finally allowed herself to feel the pain of abandonment, but also recognized the strength she had gained by living with this wound.

Months later, the cave was declared a historical site, attracting visitors from all over the world. Camille, however, decided to leave the project to explore new horizons.

Before leaving, she returned to the cave one last time. She placed her hand on the wall near the figure surrounded by shadows.

"Thank you," she whispered, as if addressing the artists long gone.

As she left, she felt a newfound lightness. The shadows were still a part of her, but they no longer defined her.